GRAPHIC LIBRARY

en español

BIOGRAFÍAS GRÁFICAS

BENJAMIN FRANKLIN

UN GENIO NORTEAMERICANO

por Kay Melchisedech Olson

ilustrado por Gordon Purcell

y Barbara Schulz

Consultor:

John C. Van Horne, Director

The Library Company of Philadelphia

Filadelfia, Pensilvania

Capstone

Graphic Library is published by Capstone Press,
151 Good Counsel Drive, P.O. Box 669, Mankato, Minnesota 56002.
www.capstonepress.com

1 2 3 4 5 6 11 10 09 08 07 06

Library of Congress Cataloging-in-Publication Data
Olson, Kay Melchisedech.
[Benjamin Franklin. Spanish]
Benjamin Franklin: un genio norteamericano/por Kay Melchisedech Olson; ilustrado por
Gordon Purcell y Barbara Schultz.
p. cm.—(Graphic library. Biografías gráficas)
Includes bibliographical references and index.
ISBN–13: 978–0–7368–6598–2 (hardcover : alk. paper)
ISBN–10: 0–7368–6598–5 (hardcover : alk. paper)
ISBN–13: 978–0–7368–9666–5 (softcover pbk. : alk. paper)
ISBN–10: 0–7368–9666–X (softcover pbk. : alk. paper)
1. Franklin, Benjamin, 1706–1790—Juvenile literature. 2. Statesmen—United States—
Biography—Juvenile literature. 3. Inventors—United States—Biography—Juvenile literature.
4. Scientists—United States—Biography—Juvenile literature. 5. Printers—United States—
Biography—Juvenile literature. I. Purcell, Gordon. II. Schultz, Barbara. III. Title. IV. Series.
E302.6.F8O46518 2007
973.3092—dc22   2006043852

Summary: In graphic novel format, tells the life story of American statesman and inventor
Benjamin Franklin, in Spanish.

Art and Editorial Direction
Jason Knudson and Blake A. Hoena

Editor
Christine Peterson

Designers
Jason Knudson and Juliette Peters

Translation
Mayte Millares and Lexiteria.com

Colorist
Benjamin Hunzeker

Nota del Editor: Los diálogos con fondo amarillo indican citas textuales de fuentes
fundamentales. Las citas textuales de dichas fuentes han sido traducidas a partir del inglés.

Direct quotations appear on the following pages:
Page 8, from *Poor Richard's Almanac* by Benjamin Franklin (Mount Vernon, N.Y.: Peter Pauper
Press, 1980).
Page 18, from Franklin's letter dated July 11, 1765; page 24, from Franklin's letter dated
July 27, 1783; page 27, an epitaph written by Franklin in 1728; as published in *Writings* by
Benjamin Franklin, edited by J. A. Leo Lemay (New York: Literary Classics of the United
States: Distributed to the trade in the United States and Canada by Viking, 1987).
Page 12, from *Benjamin Franklin* by Carl Van Doren (New York: Bramhall House, 1987).
Page 27, from *The Works of Benjamin Franklin*, edited by Jared Sparks (Boston: Hillard,
Gray and Company, 1840).

TABLA DE CONTENIDOS

Capítulo 1

IMPRESOR

Benjamin Franklin nació el 17 de enero de 1706, en Boston, Massachusetts. Sus padres, Joshiah y Abiah Franklin, vivían en las 13 colonias de Norteamérica. El día en que nació Benjamin, Josiah decidió a qué se dedicaría su hijo.

Benjamin, tú vas a ser un ministro cuando seas grande.

Para cuando Benjamin tenía 8 años de edad, Josiah se dio cuenta de que su hijo no tenía vocación para ministro.

Padre, ¿por qué no das las gracias sobre este barril de carne?

De esta forma ya no tenemos que invertir tiempo en rezar antes de cada comida.

A los 12 años, Benjamin había terminado dos años de escuela. Trabajaba en la tienda de jabón y velas que era propiedad de la familia, pero a él no le gustaba el trabajo.

Tu hermano James necesita ayuda en su taller de imprenta. ¿Te gustaría trabajar para él?

Cualquier cosa es mejor que el olor a velas y jabón.

En 1721, cuando Benjamin tenía 15 años, su hermano empezó a publicar el *New England Courant*. Benjamin escribía artículos para el periódico, en secreto.

¿Quién es esa tal Silence Dogood? Escribe bastante bien.

Sólo sé que es una mujer ya mayor con opinión sobre todo. Ella desliza sus cartas bajo mi puerta por las noches.

James se enojó muchísimo cuando descubrió que su hermano era Silence Dogood.

¡Cómo te atreves a hacer trampa para que imprima tus cartas! Nunca volveré a imprimir algo que escribas tú.

Sólo estás celoso porque mis artículos están muy bien escritos.

¡Yo me encargaré de que nunca vuelvas a trabajar en Boston!

Un buen impresor puede encontrar trabajo en cualquiera de las colonias.

Benjamin decidió irse y buscar trabajo en otra ciudad. Empacó sus cosas y zarpó en un barco desde Boston.

Para 1730, Franklin era dueño de un taller de imprenta en Filadelfia. Franklin y su esposa, Deborah, también tenían una pequeña tienda dentro del taller. Allí vendían tinta, plumas de ave para escribir, papel y otros productos.

High Street es un buen vecindario. Estamos muy cerca del centro de todo.

Sí querido, el negocio es bueno.

Franklin finalmente había encontrado una carrera que disfrutaba. Imprimía periódicos y libros cortos. Una vez al año imprimía un pequeño libro repleto de información muy útil. *Poor Richard's Almanac* era de los favoritos entre los colonos.

Poor Richard dice,

"El que temprano se acuesta, temprano se levanta, lo que lo hace saludable, rico y sabio".

Ese está bueno. Pero éste me gusta más.

"El muerto y el arrimado a los tres días apestan".

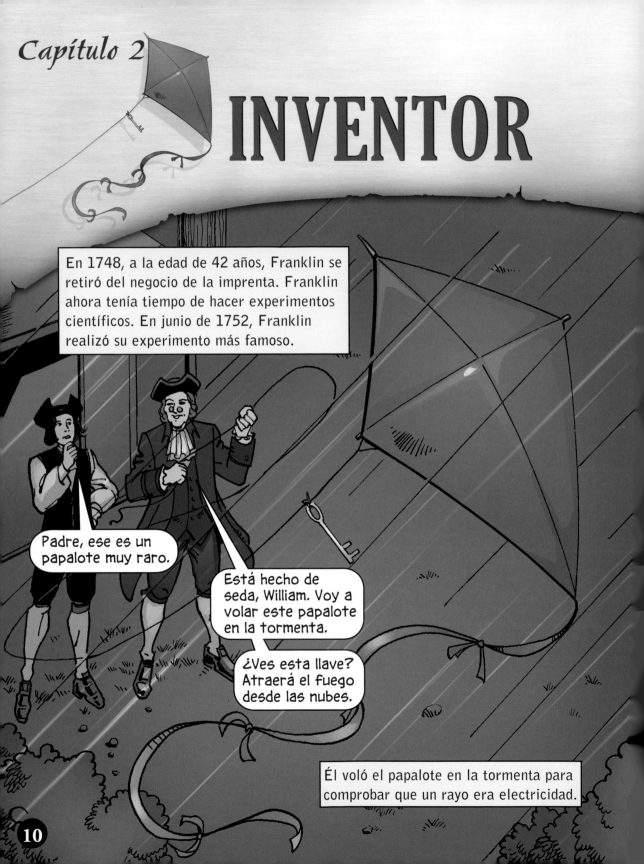

Capítulo 2

INVENTOR

En 1748, a la edad de 42 años, Franklin se retiró del negocio de la imprenta. Franklin ahora tenía tiempo de hacer experimentos científicos. En junio de 1752, Franklin realizó su experimento más famoso.

Padre, ese es un papalote muy raro.

Está hecho de seda, William. Voy a volar este papalote en la tormenta.

¿Ves esta llave? Atraerá el fuego desde las nubes.

Él voló el papalote en la tormenta para comprobar que un rayo era electricidad.

LA ESTUFA FRANKLIN

Esta estufa podía calentar una habitación sin generar humo. Al principio se le llamó la Chimenea Pensilvania, pero pronto se le empezó a conocer como la estufa Franklin.

ARMÓNICA

Franklin inventó un instrumento musical llamado la armónica de vidrio. Tenía una hilera de 27 botes de vidrio de diferentes tamaños. Para producir música, la gente tocaba los botes giratorios con sus dedos.

PARARRAYOS

Los rayos con frecuencia caían en los edificios coloniales, causando que se incendiaran. Franklin le solicitó a la gente de Filadelfia que colocaran pararrayos en los edificios altos. Estos pararrayos evitaron que los edificios se incendiaran.

ANTEOJOS BIFOCALES

Franklin necesitaba dos pares de anteojos. Usaba un par para leer y el otro para ver de lejos. Le causaba mucho problema intercambiar pares. Hizo que un cortador de vidrio cortara ambos lentes por la mitad. Pegó la parte de abajo de un par con la parte de arriba del otro, inventando así los lentes bifocales.

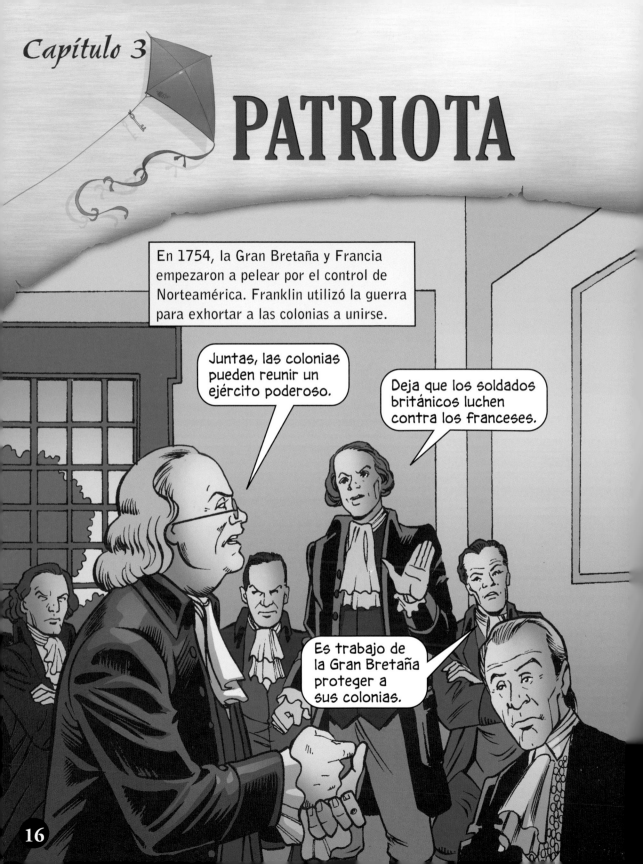

En marzo de 1765, la Gran Bretaña aprobó la Ley del Sello. Los colonos tenían que pagar sellos de impuesto en cada artículo impreso en papel. Los sellos de impuesto hicieron que los periódicos, libros y los papeles legales fueran más caros.

¡Miren las cartas que tienen en las manos, muchachos! La Ley del Sello incluso cobra impuesto por nuestros juegos.

Cada día el rey encuentra alguna otra manera de cobrarnos impuestos.

Para 1765, Franklin se había mudado a Inglaterra. Su trabajo era ayudar a resolver las diferencias que los colonos de Pensilvania tenían con los líderes ahí. Él sabía que los colonos estarían muy enojados con la Ley del Sello. Escribió a sus amigos en Filadelfia.

Hice todo lo que estuvo en mi poder para prevenir la aprobación de la Ley del Sello

B. Franklin

La Gran Bretaña continuó cobrando impuestos a los colonos. Un impuesto sobre el té fue la gota que derramó el vaso. El 16 de diciembre de 1773, los colonos se disfrazaron para parecerse a los indios y tiraron 342 cajas de té en la Bahía de Boston.

¡Muchachos, tiren toda caja que contenga té!

¡Hay que mostrarle al rey lo que pensamos del impuesto sobre el té!

Franklin intentó por última vez mantener la paz entre la Gran Bretaña y las colonias. Habló ante el Consejo Privado del gobierno británico.

Estuvo mal que los colonos destruyeran el té.

Yo mismo pagaré por el té. ¡Sólo si la Gran Bretaña elimina el impuesto sobre el té!

¡NUNCA!

Franklin por lo general era muy callado en público. Decía que podía aprender más "usando el oído en vez de la lengua".

Después de la firma de la Declaración de Independencia, Franklin se vio involucrado en otro nuevo trabajo. En diciembre, zarpó rumbo a Francia. Norteamérica necesitaba dinero para ganar la Guerra de la Revolución. Su familia se quedó en Filadelfia.

Soy un hombre viejo de 70 años. Sin embargo, me dedicaré a trabajar en lo que la gente crea que es necesario.

El rey de Francia, Louis XVI creía que la Gran Bretaña era enemiga de Francia.

Su majestad, sólo le pedimos dinero para continuar con nuestra batalla con la Gran Bretaña. Son sus enemigos al igual que los nuestros.

Francia le prestará el dinero a Norteamérica, pero nuestro apoyo debe permanecer en secreto.

Con la ayuda de Francia, los colonos pudieron derrotar a los británicos. Muy pronto el nuevo gobierno Norteamericano le dio a Franklin otro trabajo. Como embajador en Francia, se haría cargo de las pláticas de paz con la Gran Bretaña. En septiembre de 1783, Franklin observó cómo los británicos firmaban el Tratado de Paris.

La Guerra de la Revolución finalmente había terminado.

¡Ojalá que nunca volvamos a ver otra guerra! Nunca hay una buena guerra o una mala paz.

Ahora con 79 años de edad, Franklin planeaba pasar el resto de sus días descansando. Pero pronto fue llamado a trabajar de nuevo.

Le suplicamos Sr. Franklin, que dirija Pensilvania.

Ningún otro hombre podría igualar su liderazgo.

Seguramente un hombre más joven es mejor para el trabajo.

Franklin dirigió Pensilvania durante tres años.

En 1787, Franklin fue uno de los 55 delegados de la Convención Constitucional. Franklin ayudó a escribir la Constitución de los Estados Unidos. Este documento uniría al nuevo país y lo mantendría fuerte.

Franklin es el delegado más grande y famoso. Él debería de ser el presidente.

No. Mi salud está deteriorada. Deberíamos elegir a George Washington.

Durante sus últimos días, Franklin se enfermó y pasó esos días en cama. Sin embargo, él continuaba trabajando.

Querido Vicepresidente John Adams, esta carta es una solicitud para que los Estados Unidos prohíban la esclavitud.

B. Franklin

Desafortunadamente, su petición para prohibir la esclavitud fue negada.

La salud de Franklin siguió empeorando. Su hija Sally Bache, intentaba consolarlo.

Papá, ojalá y te compongas para que vivas muchos años más.

Franklin realizó muchos trabajos durante su larga vida. Fue impresor, escritor, científico y uno de los padres fundadores. Pero Franklin escribió cómo quería que se le recordara.

THE BODY OF B. FRANKLIN PRIN LIES HERE, FOOD FOR WORMS.

Espero que no.

El 17 de abril de 1790, a la edad de 84 años murió Benjamin Franklin.

- Cuando Benjamin Franklin tenía 7 años de edad, aprendió una importante lección sobre el dinero. Él compró un silbato. Pronto se cansó del silbato y pensó en las otras cosas que pudo haber comprado en lugar de ello. Más tarde, Franklin dijo que los problemas de las personas con frecuencia provenían "por haber pagado mucho por el silbato".

- El primer experimento de Franklin con un papalote no tuvo nada que ver con la electricidad. Cuando tenía 9 años, Franklin se puso a flotar en un estanque. Sostuvo un palito unido al hilo del papalote. El viento desplazó el papalote y jaló a Franklin a través del agua.

- Franklin tuvo tres hijos. Su hijo mayor, William, se convirtió en el gobernador real de Nueva Jersey. El segundo hijo de Franklin, Francis, murió a los cuatro años de edad. Su hija Sally, tuvo siete hijos, incluyendo un hijo llamado Benjamin Franklin Bache.

- El libro *Poor Richard's Almanac* de Franklin fue publicado una vez al año de 1732 a 1758. Después de la Biblia, éste era el libro más leído en las colonias.

- Durante la Guerra de la Revolución, William el hijo de Franklin, se unió a los británicos, causando un desacuerdo con su padre. William y Benjamin nunca hicieron las paces.

- En 1771, Franklin empezó a escribir la historia de su vida. Las páginas se perdieron en 1777 cuando los soldados británicos utilizaron la casa de Franklin como cuartel general. Uno de los amigos de Franklin vio los papeles arrugados en la calle y se los devolvió a Franklin.

- En 1728, el joven Franklin escribió cómo quería que lo recordaran. "El cuerpo de B. Franklin, Impresor de Oficio: (parecido a la cubierta de un viejo libro, su contenido está desgarrado y privado de sus letras doradas) yace aquí, alimento para Gusanos. Pero su obra no se perderá, (según él creía) ya que renacerá en una edición nueva y más elegante, revisada y corregida por el autor".

- Franklin está enterrado en Filadelfia. La gente con frecuencia arroja centavos en la tumba de Franklin para atraer la buena suerte.

- Franklin escribió una vez, "Si no quieres que te olviden tan pronto estés muerto, debes escribir cosas que valgan la pena leer, o hacer cosas de las que valga la pena escribir". Benjamin Franklin fue un hombre que hizo ambos.

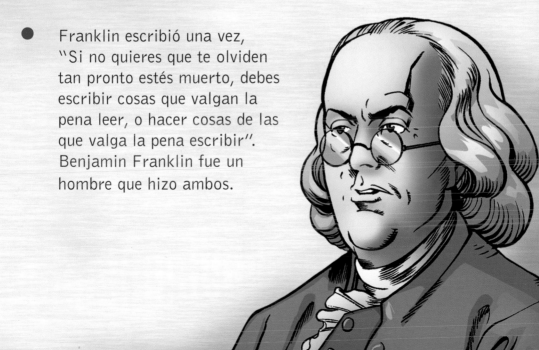

GLOSARIO

el almanaque—un libro publicado una vez al año con datos y estadísticas sobra varios temas

el aprendiz—alguien que aprende un oficio o arte, al trabajar con una persona especializada

la colonia—un área de tierra colonizada y gobernada por otro país

el delegado—alguien que representa a otras personas en una reunión

la disputa—un desacuerdo

el tratado—un acuerdo oficial entre dos o más grupos o países

SITIOS DE INTERNET

FactHound proporciona una manera divertida y segura de encontrar sitios de Internet relacionados con este libro. Nuestro personal ha investigado todos los sitios de FactHound. Es posible que los sitios no estén en español.

Se hace así:

1. Visita *www.facthound.com*

2. Elige tu grado escolar.

3. Introduce este código especial **0736865985** para ver sitios apropiados según tu edad, o usa una palabra relacionada con este libro para hacer una búsqueda general.

4. Haz clic en el botón **Fetch It**.

¡FactHound buscará los mejores sitios para ti!

LEER MÁS

Farshtey, Gregory T. *The American Revolution.* Daily Life. San Diego: Kidhaven Press, 2003.

Fleming, Candace. *Ben Franklin's Almanac: Being a True Account of the Good Gentleman's Life.* New York: Atheneum Books for Young Readers, 2003.

Graves, Kerry A. *The Declaration of Independence: The Story Behind America's Founding Document.* America in Words and Song. Philadelphia: Chelsea Clubhouse, 2004.

Riley, Gail Blasser. *Benjamin Franklin and Electricity.* Cornerstones of Freedom. New York: Children's Press, 2004.

BIBLIOGRAFÍA

Franklin, Benjamin. *Poor Richard's Almanac.* Mount Vernon, N.Y.: Peter Pauper Press, 1980.

Franklin, Benjamin. *The Works of Benjamin Franklin,* edited by Jared Sparks. Boston: Hillard, Gray, and Company, 1840.

Franklin, Benjamin. *Writings,* edited by J. A. Leo Lemay. New York: Literary Classics of the United States: Distributed to the trade in the United States and Canada by Viking, 1987.

Van Doren, Carl. *Benjamin Franklin.* New York: Bramhall House, 1987.

ÍNDICE